- En cadeau -

LA VERSION AUDIO DU LIVR

COMMENT ÇA MARCHE ?

1

Téléchargez l'app
Quelle Histoire

2

Déverrouillez
votre livre

3

Écoutez
votre histoire

Disponible sur App Store — DISPONIBLE SUR Google Play

Application compatible toutes tablettes et smartphones
à partir de iOS 8 et Android 4.4.

- Collection -
THÉMATIQUES

Complétez votre collection sur

www.quellehistoire.com

- Collection -
PERSONNAGES

Complétez votre collection sur

www.quellehistoire.com

Quelle Histoire

Édition et conception : Unique Heritage Editions SAS. 141, boulevard Ney 75018 Paris
Illustrations : Bruno Wennagel, Mathieu Ferret, Guillaume Biasse, Aurélien Fernandez, Clara Morineau, Ibticem Larbi, Iris Mangin, Laurica Andriantsarafara
Textes : Clémentine V. Baron
Édition : Leslie-Fleur Picardat
Direction artistique : Kagna Toung
Maquette : Marie Colas, Laure Després

Siège social : 141, boulevard Ney 75018 Paris

www.quellehistoire.com

Fabriqué par Labelfab / Imprimé en France par Stin Imprimerie - Toulouse

Dépôt légal juin 2021

Loi n°49-956 du 16 juillet 1949 sur les publications destinées à la jeunesse

PEFC 10-31-2841

FABRIQUÉ EN FRANCE

Billy the Kid

La naissance

Nous sommes aux États-Unis. Comme pour toutes les légendes du Far West, il est impossible de savoir la part de vérité dans l'histoire de Billy the Kid. Qui était ce bandit à l'air enfantin ? Il serait né à la fin des années 1850, probablement à New York, mais peut-être aussi dans l'Indiana ou dans le Missouri... On pense que son vrai nom est William Henry McCarty, mais il est difficile de s'y retrouver parmi tous ses pseudonymes : Henry Antrim, William H. Bonney, Billy Bonney et bien sûr Billy the Kid...

Vers 1859

Une enfance difficile

En 1868, on retrouve la trace de la famille de Billy dans la ville d'Anderson, située dans l'Indiana. Il a sûrement grandi au bord des vastes plaines peuplées d'Indiens. Le 1er mars 1873, sa maman, Catherine, épouse William Henry Harrison Antrim à Santa Fe, où ils auraient vécu quelque temps avant de déménager à Silver City au Nouveau-Mexique. Tout à l'ouest du pays ! Mais Catherine, qui est très malade, meurt le 16 septembre 1874. Son beau-père refusant de s'occuper de lui, Billy doit désormais se débrouiller tout seul.

1860 - 1874

L'apprenti bandit

À 15 ans, Billy rejoint une bande : les « Sombrero Jack ». Avec eux, il fait de mauvaises blagues aux passants et vole de la nourriture à l'occasion. Mais il ne tarde pas à se faire arrêter par la police... Comme c'est la première fois, il est juste sermonné et promet de se tenir à carreau ! Puis il trouve un petit boulot dans un hôtel, où il fait la vaisselle. Mais en septembre 1875, il est de nouveau arrêté pour vol. On raconte qu'il s'échappe de la prison par la cheminée !

1875

La première victime

Billy devient un as de la gâchette, il ne rate jamais sa cible. Comme il est très jeune, il se fait appeler le Kid (« le gamin »). En août 1877, il fait sa première victime : un certain Frank P. Cahill. Il l'a attaqué juste parce qu'il l'avait insulté… Tu l'as compris, il ne faut pas chercher Billy ! En octobre de la même année, on reconnaît notre jeune criminel parmi le gang de Jesse Evans, un malfrat réputé. Ils volent des chevaux et attaquent des diligences dans les canyons du Nouveau-Mexique.

1877

L'injustice

Billy s'installe dans le comté de Lincoln, à quelques kilomètres de là. Il devient cowboy au service d'un fermier nommé John Tunstall, qui lui offre un cheval, une selle et des armes neuves. Jamais on ne lui a fait un si beau cadeau ! Malheureusement, le 18 février 1878, Tunstall est assassiné. Billy a tout vu. Il va voir le shérif pour témoigner, mais comme il est recherché, c'est lui qu'on jette en prison ! Libéré quelques jours plus tard, il n'a pas pu assister aux funérailles de son ami.

Février 1878

La vengeance

Furieux, il promet de se venger. Il fonde une bande avec d'anciens amis et employés de Tunstall. Ils s'appellent « les Régulateurs » et partent à la recherche des assassins : une dizaine d'hommes au service d'un certain James Dolan. Les Régulateurs ont la ferme intention de faire justice à leur manière. Avant de partir, Billy retourne voir le shérif Brady, celui qui l'avait fait emprisonner le jour de l'enterrement, et il lui tire dessus ! Plus tard, ce nouveau crime lui coûtera cher.

1er avril 1878

La bataille du comté de Lincoln

Accusés du meurtre du shérif, les Régulateurs sont activement recherchés. Alors qu'ils sont de retour à Lincoln pour parler affaires avec Alex McSween, l'ancien associé de Tunstall, ils sont encerclés par l'armée, dirigée par le colonel Nathan Dudley. Pendant cinq jours la maison est assiégée. La ville est sens dessus dessous, c'est une vraie guerre civile ! Finalement, les soldats mettent le feu à la propriété, obligeant les assiégés à fuir. Le Kid et une partie des Régulateurs parviennent à s'échapper, mais McSween, leur protecteur, est tué d'une balle.

Juillet 1878

Retour sur le droit chemin

Fatigué de fuir, le Kid écrit une lettre au gouverneur Lewis Wallace, dans laquelle il lui propose de se rendre et de donner des renseignements en échange de son pardon. Wallace accepte et le Kid se laisse donc arrêter le 21 mars 1879, puis il témoigne au tribunal. Le 17 juin, après trois mois de prison, il perd patience et s'enfuit de nouveau. On raconte qu'il a enlevé ses menottes trop grandes, qu'il a tout simplement marché vers un cheval, l'a enfourché et s'en est allé sans se presser !

1879

La traque

Le Kid est désormais recherché dans tout l'Ouest américain. On propose une grosse somme d'argent en récompense de sa capture ! Après plusieurs courses-poursuites haletantes, il finit par être attrapé par le shérif Garrett, le 23 décembre 1880. Condamné à mort, il tente en vain d'écrire des lettres pour obtenir l'aide du gouverneur Wallace. Le 28 avril 1881, il parvient à s'échapper une dernière fois, en tuant les deux gardes de la prison. Il vole un cheval et s'enfuit au grand galop !

1880 - 1881

La fin

En juillet, il est rattrapé par Garrett à Fort Sumner. La nuit tombée, les deux hommes s'empoignent… Au moment de tuer le shérif, Billy marque une hésitation, il faut dire qu'ils ont été amis autrefois. Mais Garrett n'a pas d'états d'âme. Il saisit sa chance et tire deux balles à bout portant. Le kid s'effondre, mort… Après quoi, Garrett, sans doute rongé par la culpabilité, écrit un livre sur l'histoire de Billy intitulé *The Authentic Life of Billy the Kid*. Il s'agit d'une biographie romancée, mais elle signe le début de la légende.

---

14 juillet 1881

1855

1859
Naissance probable de Billy the Kid, le 23 novembre.

1873
Sa mère se marie avec William Henry Harrison Antrim, le 1er mars.

1874
À la mort de sa mère, le 16 septembre, Billy devient orphelin.

1875
Première arrestation en avril.

1877
Billy commet son premier meurtre, le 18 août.

1877
Billy entre au service de Tunstall, en novembre.

1878
Tunstall est assassiné, le 18 février.

1878
Billy tue le shérif Brady, le 1er avril.

1878
Bataille de Lincoln en juillet.

1879-1880
Arrestation volontaire et témoignages, entre mai et mars.

1879
Billy s'échappe de prison, le 17 juin.

1880
Garrett est élu shérif du comté de Lincoln, en novembre.

1880
Billy est arrêté par Garrett, le 23 décembre.

1881
Billy s'échappe une dernière fois de prison, le 28 avril.

1881
Billy est tué par Garrett, le 14 juillet.

1885

Le parcours de Billy the Kid

Légende de LA CARTE

1 New York

D'après la biographie de Pat Garrett, Billy the Kid serait né dans cette grande ville américaine, en 1859. Mais le lieu comme la date sont impossibles à vérifier.

2 Anderson

Le jeune Billy aurait passé son enfance dans cette petite ville de l'État d'Indiana. C'est à cet endroit même que sa mère aurait rencontré Henry William Harrison Antrim.

3 Santa Fe

Billy y aurait vécu quelque temps avec sa famille durant sa jeunesse. C'est aussi ici qu'a été édité l'ouvrage de Garrett, *The Authentic Life of Billy the Kid*.

4 Silver City

La famille Antrim déménage dans cette petite ville du Nouveau-Mexique. Après la mort de sa mère, Billy y commet ses premiers délits et découvre la prison.

5 Comté de Lincoln

Billy a vécu la majeure partie de sa vie dans le comté de Lincoln et ses alentours. Il y est d'abord cowboy, puis reprend sa vie de bandit de grand chemin.

6 Fort Sumner

Après sa dernière évasion de prison, Billy se cache à Fort Sumner, non loin du comté de Lincoln. C'est là que le shérif Garrett le retrouve et le tue.

John Tunstall

(1853-1878)

Né en Angleterre, il part faire fortune dans l'Ouest américain. À Lincoln, il ouvre un ranch et un magasin en collaboration avec Alex McSween. Son concurrent James Dolan le fait assassiner.

William Brady

(1829-1878)

D'origine irlandaise, Brady émigre aux États-Unis pour fuir la famine. Il combat dans les guerres contre les Indiens Navajos et Apaches, puis est élu shérif du comté de Lincoln.

Lewis Wallace

(1827-1905)

Le gouverneur du Nouveau-Mexique a d'abord aidé Billy the Kid, avant de se retourner contre lui. En 1880, il écrit un roman historique, *Ben-Hur*, qui le rend célèbre.

Pat Garrett

(1850-1908)

Il a été fermier, chasseur de bisons et tenancier dans un saloon. On raconte qu'il était l'ami de Billy the Kid, avant de devenir shérif et de le pourchasser sans relâche.

Le Jeu du

CHERCHE & TROUVE

Cherche et trouve les éléments suivants dans le décor de droite :

La corde

Le chapeau

La bouteille

Le collier

Le lance-pierre

Les bottes

La bourse

Le tonneau

Le sac de blé

Le vautour

La liasse de billets

Les explosifs

Billy the Kid

Le bandit

Le fermier

Le voleur

Lewis Wallace

Pat Garrett

John Tunstall

William Brady

SALOON
BANK
HOTEL

Le Jeu des

7 ERREURS

Trouve les 7 différences entre l'image de gauche et l'image de droite.

Solution : l'oiseau, le drapeau, la barbe, le foulard jaune, le foulard rouge, le squelette, l'herbe.

Le Jeu du

LABYRINTHE

Aide Billy the Kid à retrouver le chemin de sa maison.

Solution : le bon chemin est le numéro 2.

Le Jeu des
OMBRES

Retrouve la bonne ombre de Billy the Kid.

a.

b.

c.

d.

e.

Bonne réponse : l'ombre c.

Le Jeu du

QUIZ

1. Billy est surnommé « le Kid », qui signifie...

a. Le Gamin
b. Le Jeune
c. Le Petit
d. Le Minus

2. On raconte que Billy s'est échappé de prison par...

a. La fenêtre
b. Le toit
c. La cheminée
d. Les canalisations

3. Comment s'appelle la bande formée par Billy et ses amis ?

a. Les Justiciers
b. Les Avengers
c. Les Prédateurs
d. Les Régulateurs

Bonnes réponses : 1.a / 2.c / 3.d.

- Collection -
ENCYCLOPÉDIES

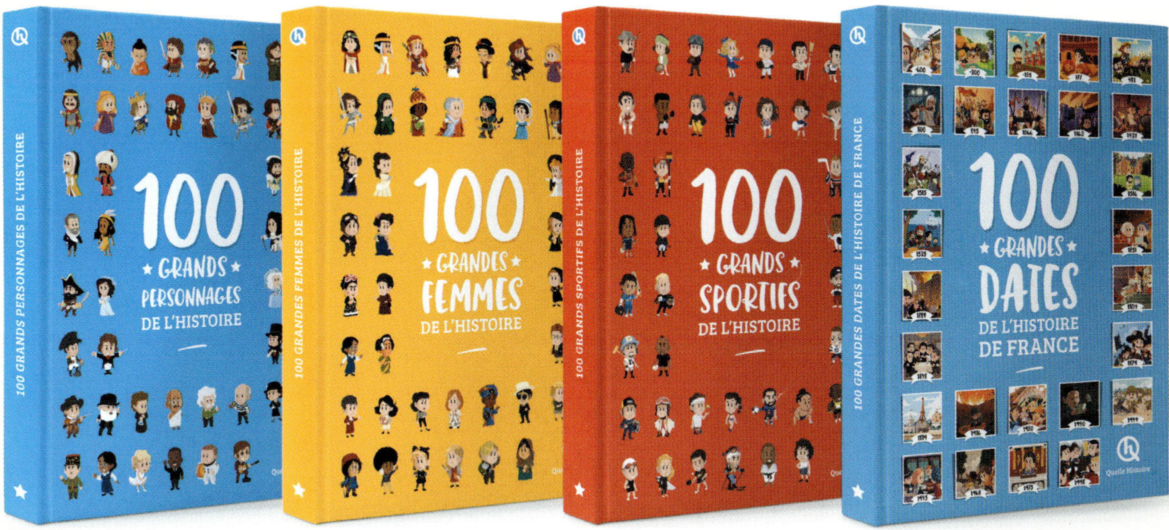

Chers parents, vous aimez Quelle Histoire ? Rejoignez-nous sur les réseaux sociaux !